GÉRARD BOCHOLIER

Gérard Bocholier est né en 1947 à Clermont-Ferrand. L'année de son agrégation de lettres, en 1971, il reçoit des mains de Marcel Arland le prix Paul-Valéry, réservé à un poète étudiant. Depuis lors, il a publié de nombreux recueils de poèmes. Il est professeur de lettres supérieures au lycée Blaise-Pascal de Clermont-Ferrand.

Le LIVRE de POCH

JEUNES

Fleurs d'e

POÈMES
DU PETIT BONHEUR

GÉRARD BOCHOLIER

POÈMES DU PETIT BONHEUR

GRAND PRIX DE POÉSIE POUR LA JEUNESSE

Illustrations :
Koen Fossey

HACHETTE
Jeunesse

Hachette, 79 boulevard Saint-Germain, Paris VIe

AU JARDIN DES MERVEILLES

Fêtes

Le papillon ne sort jamais
Les jours d'été sans son ombrelle.

La chauve-souris sort la nuit
Avec ses gants noirs de dentelle.

Pour les fêtes, la libellule
Met son tutu de perles d'eau,

Et le hibou, son vieux chapeau.

Les invités

La fourmi se dépêche,
Son sac est plein d'adresses
À visiter.

Les matins passent vite
Et toute sa famille
Vient déjeuner :

Sa tante Alexandrine
Et ses sœurs des racines
De châtaignier,

Sa nièce Philippine
Et même ses voisines
De l'églantier.

Cailloux blancs

Semez nos joies, beaux cailloux blancs,
Sur la route et sur la rivière,
Semez en gouttes de soleil,
En fleurs de lune et d'étincelles.

Quand tout est gris, faites-nous signe
Tout doucement, beaux cailloux blancs,
Que nous retrouvions le sourire
Et les couleurs de l'arc-en-ciel !

La chouette

La chouette est toute frileuse,
Elle enfile un manteau de plumes,
Des bottines, une capuche,
Pour veiller l'hiver sur son chêne.

Madame, que voyez-vous donc
Quand nous dormons dans nos maisons ?
Vos yeux sont si grands que deux lunes
Avec la neige y disparaissent.

Nuages

Toujours s'en reviennent
Les jolis nuages
Sur le grand manège.

Pour qui tournez-vous,
Chevaux de passage
Au regard si doux ?

Est-ce pour les anges
Aux yeux de lavande
Sur les monts du ciel ?

Ou d'autres enfants
Aux cheveux de miel
Loin vers le soleil ?

Le chat

Le chat guette tout le jour
Dans un silence de velours.

Il a serré sa fourrure
Autour de lui pour être sûr
Qu'on ne le retrouverait pas.

Il a fermé ses yeux d'or
Sur une longue espérance,
Caché ses griffes dans le noir.

Son cœur est prêt,
Tout son corps vibre :
Ce qu'il attend ne se voit pas.

Miracles

Sur le papier du mur
Il y a des fontaines
Qui tremblent au soleil,
Comme si c'était vrai.

Dans le livre d'images
Il y a des oiseaux
Enchantés qui nous parlent,
Comme si c'était vrai.

Quand nous fermons les yeux,
Il y a des miracles
Qui sourient dans le cœur,
Comme si c'était vrai.

Les papillons

Comme ils sont lents, les papillons,
Qui les dimanches se promènent !
Ils s'arrêtent à chaque fleur,
Sur le bord de chaque fontaine.

On leur a dit de saluer,
Bien poliment, tout ce qu'ils aiment.
Et comme ils adorent l'été,
Le bel azur, les couleurs claires,

Ils ne voudraient rien oublier,
Le myosotis, la pâquerette,
Ni surtout le lis parfumé,
Leur amour, qui tourne les têtes.

L'abandonnée

Une maison abandonnée
Va-t-elle un jour se retrouver
Sous les sapins dans la clairière,
Le seul bruit du vent dans l'oreille ?

Les écureuils vont consoler
Celle qui garde le silence
Et verse en rêvant au passé
Des larmes de suie sur la neige.

Jolis gourmands

Des cheveux de miel,
Des yeux en noisettes
Et cerise aux lèvres.

Un doux teint de pêche,
Un torse abricot
Et l'été pruneau.

Le jour sucre d'orge,
La nuit chocolat,
Quel goûter de roi !

Le beau bleu

Le ciel tourne sur les toits,
Il étend ses ailes bleues,
Son bec et son cou neigeux,
Sur la mer comme en miroir.

C'est l'été, il se contemple,
Toujours aussi jeune et bleu.
La mer, faisant les doux yeux,
Lui dit : « Vous êtes un ange ! »

Tout près du ciel

Au clair d'avril,
La tourterelle
Met le collier
De l'arc-en-ciel.

Au clair d'automne,
Des œufs de lune
Couvent au pied
De la colline.

Au clair d'hiver,
Les petits anges
Jouent en secret
Avec la neige.

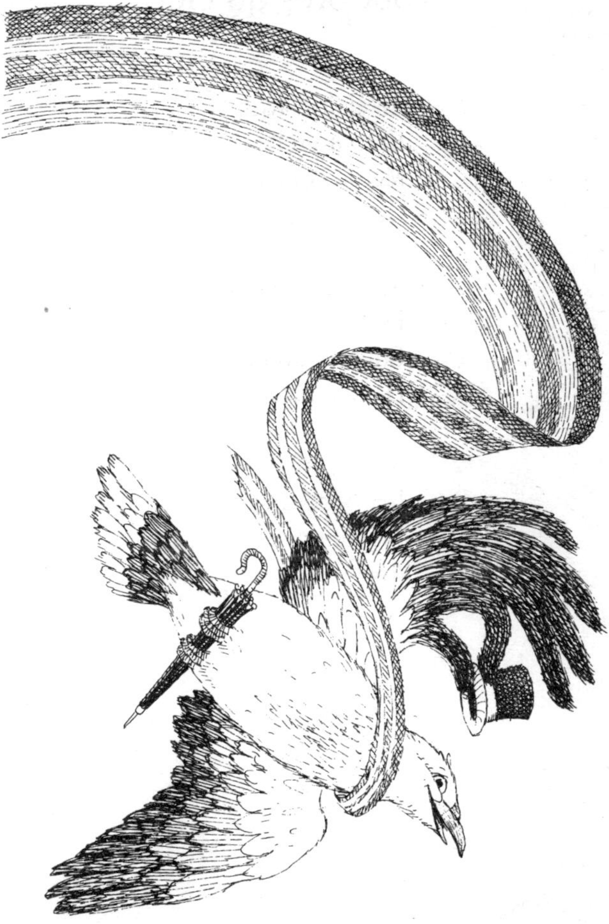

Le palmarès

Premier prix aux roses magiques
Pour la folle danse du feu.
Les paroles et la musique
Sont du jardinier du ciel bleu.

Deuxième prix aux boutons d'or
Pour l'opéra dans la prairie.
Les costumes et les décors
Sont du soleil et de la pluie.

Mes bagages

Pour aller à la mer,
Dis, qu'emporteras-tu ?

Un moulin de grand vent,
Une poignée d'images.

En sortant du jardin,
Dis, qu'emporteras-tu ?

Le rire du ruisseau,
La caresse de l'arbre.

Pour t'envoler au ciel,
Dis, qu'emporteras-tu ?

Le feu de mon ami,
La fleur de son visage.

Rencontre

Deux moineaux qui se rencontrent
Ne se serrent pas la patte.
Ils n'ont ni chaîne de montre,
Ni gants frais, ni chapeau claque.

Ils remuent trois fois leurs ailes,
Penchent leur bec gentiment,
Jouent leurs notes les plus belles
Et filent au firmament.

La fête en bleu

Au fond du lac bleu
Arrive un carrosse.
Trompettes, sonnez
L'air des jours heureux !

Le roi et la reine
Dansent pour les noces
Du gris et du tendre,
Du vert et du bleu.

Les petits poissons
Venus voir le bal
Sèment sur les algues
Mille diamants bleus.

Vole vole

Un tapis qui rampe
Au coin de la chambre
Est moins passionnant
Qu'un tapis volant.

Un poisson qui nage,
Doux comme une image,
Est moins remuant
Qu'un poisson volant.

Un cerf qui bougonne
Dans les bois d'automne
Est moins amusant
Qu'un grand cerf-volant.

Le loup blanc

Quel est le loup le plus connu,
En Asie ou en Amérique,
À Pékin, à Honolulu ?
C'est le loup blanc, c'est bien connu.

Qu'a-t-il fait pour être connu ?
Du cinéma, de la musique ?
Porte-t-il un chapeau pointu ?
Non, il est blanc, c'est bien connu.

Est-il grand sorcier de tribu ?
D'un coup de baguette magique
Change-t-il le lièvre en tortue ?
C'est le loup blanc, n'en parlons plus.

Le petit agneau

Le petit agneau
Garde bien le nez
Collé au manteau
Blanc de sa maman.

Le vent peut souffler,
La bise et l'autan,
La neige tomber
Sur son manteau blanc,

Le petit agneau
Rentre rassuré,
Puisqu'il fait si chaud
Contre sa maman.

Clair du temps

Jardin perdu

Quand un jardin se perd,
Recouvert d'herbes folles,
D'orties et de sureaux,
Moi je sais qu'il s'en va

Dans les prairies du ciel,
Par les chemins d'étoiles,
Où ses lis et ses roses
Plus jamais ne se fanent.

Beaux peupliers

Beaux peupliers, mes bons géants,
Où partez-vous en file indienne ?

Prenez vos écharpes de laine,
Brume et brouillard, soleil tremblant.

Il fait si froid près des rivières,
Beaux peupliers, mes bons géants.

Gardez-vous bien contre le vent,
Qui vient du nord avec la neige.

Courez vite au bout de la terre
Et ramenez-nous le printemps !

Les moineaux

Le vieux sureau offre ses bras
À tous ses amis les moineaux.
Ils picorent un peu sa tête
En été pour faire la fête.

La fête au vent, au bleu de rêve,
Au linge qui claque aux fenêtres,
Au grand jardin, jamais pareil,
Qui voudrait s'envoler là-haut !

Jardin des couleurs

Jaune pousse en tournesols,
Blanc se cache sous la neige
Et tremble en gouttes d'argent.

Bleu dans tes yeux ma pervenche,
Rouge à tes joues ma pivoine,
Qui bois le vin du printemps !

Le pinson poète

Sur le cerisier si blanc
On dirait qu'il a neigé
Des pétales de lumière.

Un pinson s'en vient nicher,
Il chante, chante à tue-tête
Son ami le cerisier.

Et le vent de mai s'arrête
À l'entrée du beau verger
Et dit : « Quel est ce poète

Qui fait chanter la lumière
Dans les fleurs d'un cerisier ? »

Le peintre

Le peintre Myosotis
A vécu sur la terre,
Bien caché dans les herbes,
Un printemps de bonheur.

« Ne m'oubliez jamais »,
Dit-il du fond du ciel,
« C'est pour vous que je peins
De bleu le paradis. »

Danse de printemps

Hiver et printemps font la ronde
Sur le pré au petit matin.

Hiver se dégourdit les jambes,
Du givre encore plein les mains.

Printemps lui dit : « Alors, on traîne ?
Plus haut la jambe, s'il vous plaît !

Les primevères vous regardent.
Un peu plus souple, je vous prie ! »

L'arbre jaloux

Un arbre est jaloux,
Sur le mur, d'une ombre.

Il tire vers elle,
Tire à tire-d'aile,

Se prend pour colombe
Qui vole du toit
Au sommet du lierre,

Cherche dans la terre
De quoi roucouler
Et partir au ciel.

On est amoureux
Quand on est un arbre
Jeune et vigoureux!

Berceau du vent

Le vent du nord est tombé.
Qui donc le ramassera,
Comme un oisillon blessé
En automne au fond des bois ?

Le vent du nord est tombé,
Doucement sur de la mousse.
Qui va recueillir le souffle
Et l'abriter dans ses doigts ?

Le vent du nord est tombé
Peut-être au fond d'un grand rêve.
Qui sait le nom de la mer
Tendre au soir qui l'a bercé ?

Il fait beau

On n'a pas toujours envie
De descendre dans la rue,
L'air est froid comme un caillou
Et les cheminées s'enrhument.

Pourtant le gris se déchire
Et le ciel se débarbouille,
Un peu de rose à ses joues,
En sifflotant dans la rue.

On entend rire avec lui
Tous les moineaux dans la rue.
Alors on a bien envie
De sortir puisqu'il fait beau !

Les foins

Les meules dans les champs
Sont de gros coussins d'herbe.
On peut sauter dedans,
Embrasser leurs joues vertes
Qui sentent bon la menthe.

Et voici le soleil
Pour jouer à la balle,
Tout là-haut sur le ciel.
Et vivent les nuages
Qui sont des coussins blancs !

La fontaine

Tout chante ici dans la fontaine,
Les buissons verts, les cailloux blancs,
Tous les oiseaux du bois rêvant,
Et l'herbe sage et l'herbe folle.

C'est à ton cœur qu'elle ressemble,
Jouant, riant avec le vent,
Avec la neige au bois dormant
Qui fait scintiller le silence.

Danses

La fleur de mai s'en va danser
Le tournesol, la capucine,
Petites danses du passé
Toujours à la mode, cousine.

Le jardin s'habille de frais,
Sur son trente et un, ma cousine,
Car la fleur de mai va danser
Le rigodon jusqu'à la lune...

Baisers de neige

La neige glisse ses baisers
Du bout des lèvres dans le cou,
Le vent s'amuse comme un fou,
On en a sur le bout du nez.

Comme ils sont froids tous ces baisers
De cette neige qui nous aime
Et qui nous choisit pour bergers
De tant d'agneaux de blanche laine !

Mais il faut bien les rendre, allez,
Tous ces baisers, sur les paupières,
Dans le cou, sur le bout du nez,
Quand on est bonhomme de neige !

Jeu d'ombre

Attention, petit chaton!
Une ombre joue sur les feuilles
Et soudain cligne de l'œil.

En avant, petit chaton!
La voilà sur la grand'route.
Saute, saute, tourne, roule!

Courage, petit chaton!
L'ombre est une souris grise
Qui se glisse entre les griffes

Des jolis petits chatons,
Quand leur tourne un peu la tête
Sous la couronne des vents...

Le bal

Le beau jour se déshabille
Sur le vert de la colline
Pour plonger dans le ruisseau.

Puis il se sèche au soleil
Et frotte bien ses oreilles
De menthe et de thym nouveau.

« Qu'il sent bon, dit la cigale,
Pourvu qu'il m'invite au bal
Des moissons près du château ! »

Les timides

Le grillon est si timide,
Il ne veut pas déranger.
Il chantonne au fond des nuits,
Caché dans la cheminée.

Puisqu'il nous porte bonheur,
Tout l'hiver, faisons-lui fête,
Offrons-lui des violettes,
Les plus timides des fleurs !

Le cerisier

Le cerisier a tout son temps,
Il se moque bien de la neige
Qui lui chatouille les oreilles.
Pendant tout l'hiver, il attend.

Il attend qu'au jardin s'éclairent
Les joues fraîches des jeunes fleurs,
Ces bonnes joues pour le bonheur,
Qu'on embrasse partout sur terre.

Il se moque bien de la bise
Et ne pense plus au printemps,
Puisque c'est l'été qu'il attend.
Après la fleur vient la cerise !

La rose et le papillon

Le papillon rêve
À la rose rouge
Où il s'est posé
Un jour, en tremblant.

La brise dans l'or
Chantait les louanges
De la rose reine
Du jardin brûlant.

Comme elle était belle
Dans sa robe rouge !
Son parfum poursuit
Le papillon blanc.

Petite pluie

Petite pluie court au jardin
Parmi les lilas et les roses.

Mais il y a tant de parfums,
Petite pluie est toute chose.

Voilà du gazon coupé fin,
Qui sent le foin et se repose.

Petite pluie s'endort un brin,
Le cœur encore plein de roses...

Les moutons

Les brebis et les moutons
De collines en collines
Poussent du nez l'horizon.

L'herbe est tendre et le chardon
Bien meilleur quand ils avancent
Du côté de l'océan.

Ils n'entendent que le vent
Pousser sa complainte immense.
Le vent du nord et d'autan.

Ils ne lèvent que les yeux
Vers les prés du ciel où glissent
Leurs frères silencieux...

Bonheurs du jour
et
de la nuit

Les enfants de la Terre

« S'il vous plaît, disait l'étoile,
Laissez-moi briller encore,
Il n'y a que mille siècles
Que j'ai bondi dans un rêve.

Laissez-moi bien regarder
Cette planète aux cieux bleus,
Ces beaux enfants de la Terre
Qui ne veulent pas dormir.

Lorsque je me sens trop seule
Dans le noir désert des astres,
J'aime errer sur leur sourire
Et m'apaiser dans leurs yeux. »

La grande nuit

De mémoire de mouton
On n'a jamais vu pareille
Douceur dans l'air de la nuit.

On dirait que les collines
Font la ronde avec les anges
Et que le désert sourit.

Le ciel fleurit de lavandes,
De chardons d'or sur la ville
Où l'on ne peut pas dormir.

Tous les humains sont en route
Mais nos bergers vont sans doute
Voir les premiers le petit.

Le petit matin

Du ciel ou de la mer
Qui a réveillé l'autre ?
C'est le petit matin
Qui trotte sur le sable.

C'est le petit matin,
Plein de petites pluies,
Qui délivre parfums
Et rêves sans nuages ;

Qui pousse les rideaux
D'un petit doigt de rose,
Effleure les paupières
Comme un très doux jardin.

Le vent du nord

Lorsque le vent du nord se lève,
Il quitte son grand lit de feuilles,
Sa chambre d'ombre et de tilleul
Où il dormait à poings fermés.

Et voici ses volets qui claquent,
Il met le nez à la fenêtre.
Déjà l'heure! Il saute au ruisseau,
Vite faire un brin de toilette,

Avant de jeter sur les champs
Son bonnet d'azur et d'argent,
En sifflant un air du pays
Pour saluer la compagnie.

La belle étoile

Un flocon de lune
Court dans la campagne,
À la belle nuit,
À la belle étoile ;

Sautant la montagne,
Les bois, le ruisseau,
À la belle nuit,
À la belle étoile ;

Pour mieux rebondir
Jusqu'à mon carreau,
À la belle nuit,
À la belle étoile ;

Et me dire en rêve
Qu'il fait toujours beau,
À la belle nuit,
À la belle étoile !

Attente du jour

Le jour attend son autobus
Contre la colline endormie.
On n'entend à travers la brume
Que le ruisseau noir de la nuit.

Il s'est blotti contre les chênes,
Quel temps fera-t-il aujourd'hui ?
Comme il est lent cet autobus
Qui descend du ciel sans un bruit !

La mystérieuse

Faire la mystérieuse
À tous n'est pas permis,
Disait la douce nuit.
Mes ombres sont heureuses
De toucher les secrets,
Les ors et les palais,
Derrière votre monde.

Faire la mystérieuse,
Et semer des étoiles
Sur les forêts profondes,
Et remplir sa mémoire
De silence ébloui...

Lumière du matin

La maison a faim de soleil.
Elle ouvre grandes ses fenêtres,
Les géraniums ont le sourire,
Cela sent le pain frais, le miel.

La maison aime la lumière,
Elle déplie la nappe blanche,
Au matin, qui sent la lavande,
La belle nappe en fleurs d'abeille.

Le jardin saute dans la chambre
Avec tous ses volubilis.
Entrez, voyez ces roses tendres
Sur le lit qui s'épanouissent !

Chacun chacune

La nuit dit au jour :
« Marions-nous ensemble,
Venez par exemple
Dimanche à minuit.

La lune sera
Témoin de la noce,
La plus vieille étoile
Ouvrira le bal. »

Mais le jour répond :
« Merci bien, Madame,
Je prendrai pour femme
La rose des vents ! »

Vite à l'école

Allez, on se lève !
Dit la maman chêne
À son petit gland.

C'est le mois d'avril,
La forêt fourmille
Et sent le printemps.

Cours vite à l'école
De Monsieur Éole,
Le maître du vent.

Et surtout sois sage,
Apprends bien les pages
Des quatre saisons !

La forêt d'étoiles

Dans la forêt d'étoiles
Il n'y a pas de vent,
Pas de tempête noire,
Ni d'orage grondant.

Mais des branches qui tremblent,
Des feuilles, des fruits d'or,
Et des musiques d'anges
Qu'on entend quand on dort.

Dans la forêt d'étoiles,
Où rêvent les enfants,
Il n'y a que du sable
Chaque nuit qui descend.

Pluie et soleil

Tout le monde aux abris !
Criaille l'hirondelle
En coupant dans les airs
Des rubans de ciel gris.

Tous les enfants dehors,
La journée sera belle !
Danse le papillon
Dans un silence d'or.

Vous pouvez l'écouter
Si vous portez des ailes
Ou des chapeaux à fleurs,
L'été est arrivé.

Les lapins

Sous la colline du matin,
Odeur de menthe, odeur de rose,
Se cachent les petits lapins.

Le soleil chauffe la rosée,
Perles de lune et perles roses,
Aux couronnes d'herbe gelée.

Pointant leur museau sous le thym,
Oreille blanche, oreille rose,
S'éveillent les petits lapins.

Un enfant qui s'endort

Un enfant qui s'endort
Retient dans ses menottes
Un peu de sable d'or.

Il sourit au soleil,
Aux bateaux pleins d'étoiles
Qui descendent du ciel.

Il rêve au beau château
Qu'il y a dans l'histoire,
Au prince et à l'oiseau.

Un enfant qui grandit
Garde dans sa mémoire
Un peu de paradis.

Les chevaux de la mer

Les chevaux de la mer
Ont la crinière blanche
Et des sabots de feu.

Ils courent sur les vagues
Avec tous les enfants,
Même la nuit sans eux.

Quand tout dort sur le sable,
On voit leurs yeux qui brillent
Près des enfants heureux.

TABLE

AU JARDIN DES MERVEILLES

CLAIR DU TEMPS

BONHEURS
DU JOUR ET DE LA NUIT

AU CATALOGUE DU LIVRE DE POCHE JEUNESSE :

AIKEN Joan	Les Perles de la pluies et autres contes	283
ALAIN-FOURNIER	Le Grand Meaulnes	23
ALCOCK Vivien	Le fantôme vous salue bien	259
ALCOTT Luisa May	Les quatre filles du docteur March	41
ALDRIDGE James	Le merveilleux cheval mongol	406
ALDRIDGE James	La véritable histoire de Spit MacPhee	401
ANDERSEN Hans-C.	Poucette et autres contes	19
BAWDEN Nina	L'enfant transparent	421
BERNA Paul	Le cheval sans tête	34
BICHONNIER Henriette	Émilie et le crayon magique	176
BICKHAM Jack	Le faucon de Billy Baker	25
BIEGEL Paul	Le brigand de Mademoiselle est avancé	233
BIEGEL Paul	La Princesse Rousse	
BLAZKOVA Jaroslava	Un merveilleux grand-père	65
BOURGUIGON Claude	Le neveu de Goya	286
BRINSMEAD Hesba	Naufragés des sables	339
BRISOU-PELLEN Évelyne	Deux ombres sur le pont	314
BRISOU-PELLEN Évelyne	Le cosaque dans la neige	365
BRU C. et WILHELM A.	Le corsaire de la Baltique	345
BUCKERIDGE Anthony	Bennett et sa cabane	7
BUCKERIDGE Anthony	Bennett et ses grenouilles	94
BURKETT Molly	La maison du bonheur	275
CAMUS William	Le Faiseur-de-Pluie	84
CARÊME Maurice	A l'ami Carême	248
CARMINATI Muriel	Mémoire d'éléphant	350
CARRANZA Maite	Vieux héros cherchent image neuve	322
CARROLL Lewis	Alice au Pays des Merveilles	44
CARTER Forrest	Petit Arbre	412
CASSEDY Sylvia	Morton, l'enfant différent	409
CÉNAC Claude	La révolution des croquants	285
CHAPOUTON Anne-Marie	Les masqués de Malévie	297
CHAPOUTON Anne-Marie	Les voleurs de petit sentier	358
CHAPOUTON Anne-Marie	Quand la terre gémit	348
CHARPENTREAU Jacques	Les éléments des poètes	125
CHARPENTREAU Jacques	La cigale, le renard et les autres	129
CHARPENTREAU Jacques	50 poètes, 250 poèmes manuscrits inédits	130
CHARPENTREAU Jacques	Prête-moi ta plume	126
CHARPENTREAU Jacques	La République nous appelle !	284
CHARPENTREAU Jacques et COFFIN Dominique	Demain dès l'aube	121
CHARPENTREAU Simonne	Berceuses de toujours	131